U0327267

新中国城乡建设60年巡礼

（下）

本书编委会　编

中国建筑工业出版社
CHINA ARCHITECTURE & BUILDING PRESS

图书在版编目（CIP）数据

新中国城乡建设60年巡礼（下）／本书编委会编．—北京：
中国建筑工业出版社，2009
ISBN 978-7-112-11254-8

Ⅰ．新…Ⅱ．本…Ⅲ．城乡建设—概况—中国-1949～2009
Ⅳ．F299.2

中国版本图书馆CIP数据核字（2009）第154294号

责任编辑：唐　旭
责任设计：董建平
责任校对：兰曼利　陈晶晶

新中国城乡建设60年巡礼（下）

本书编委会　编

*

中国建筑工业出版社出版、发行（北京西郊百万庄）
各地新华书店、建筑书店经销
北京圣彩虹制版印刷技术有限公司制版
北京盛通印刷股份有限公司印刷

*

开本：880×1230毫米　1/16　印张：14 1/4　字数：745千字
2010年3月第一版　2010年3月第一次印刷
定价：188.00元（含光盘）
ISBN 978-7-112-11254-8
(18528)

《新中国城乡建设60年巡礼》
组委会及编委会名单

参编单位

（排名不分先后）

北京市住房和城乡建设委员会
天津市城乡建设和交通委员会
上海市城乡建设和交通委员会
重庆市城乡建设委员会
河北省住房和城乡建设厅
山西省住房和城乡建设厅
内蒙古自治区住房和城乡建设厅
辽宁省住房和城乡建设厅
吉林省住房和城乡建设厅
黑龙江省住房和城乡建设厅
江苏省住房和城乡建设厅
浙江省住房和城乡建设厅
安徽省住房和城乡建设厅
福建省住房和城乡建设厅
江西省住房和城乡建设厅
山东省住房和城乡建设厅
河南省住房和城乡建设厅
湖北省住房和城乡建设厅
湖南省住房和城乡建设厅
广东省住房和城乡建设厅
广西壮族自治区住房和城乡建设厅
海南省住房和城乡建设厅
四川省住房和城乡建设厅
贵州省住房和城乡建设厅
云南省住房和城乡建设厅
西藏自治区住房和城乡建设厅
陕西省住房和城乡建设厅
甘肃省住房和城乡建设厅
青海省住房和城乡建设厅
宁夏回族自治区住房和城乡建设厅
新疆维吾尔自治区住房和城乡建设厅
广东省深圳市人民政府
辽宁省大连市人民政府
浙江省杭州市人民政府
新疆石河子市人民政府
广西壮族自治区南宁市人民政府
山东省青岛市人民政府
海南省三亚市人民政府
山东省烟台市人民政府
江苏省扬州市人民政府
山东省威海市人民政府
浙江省绍兴市人民政府
江苏省张家港市人民政府
江苏省昆山市人民政府
山东省日照市人民政府
河北省廊坊市人民政府
江苏省南京市人民政府
陕西省宝鸡市人民政府

前　言

展开这部画卷，我们既为新中国成立之初城镇条件简陋、百废待兴的状况而慨叹，也为今天设施齐全、功能完善的人居环境而振奋！60年来，经过几代人持续不懈的艰苦努力，我国的城乡建设事业在探索中不断前进，城镇面貌的巨变是这一切最好的见证。

60年来，中国的城镇化水平从10.6%提高到45.7%，城市数量从132个增加到655个，大、中、小城市和小城镇协调发展的城镇体系正在形成。京津冀、长三角、珠三角等城市群从小到大；辽中和辽宁沿海、海峡西岸、成渝、长株潭、中原、武汉、北部湾、山东半岛、关中–天水等城市群快速成长，已经成为我国重要的经济增长极。

城乡建设事业快速发展的同时，自然和历史文化资源保护工作不断加强，国家历史文化名城、名镇、名村和国家级风景名胜区数量不断增多。节能减排力度逐渐加大，科技创新能力持续增强，建设资源节约型和环境友好型城镇的理念深入人心。城镇的市政公用基础设施日益完善、综合承载能力不断提高，数字化城市管理平台快速普及，城市应对突发事件和保障安全运营的能力得到改善。

城镇人居环境发生了翻天覆地的变化，城市环境从黄土露天、尘土飞扬到绿树成荫、环境整洁；安全、快速、便捷的道路交通网络初步形成，住房

保障体系正在建立，与工业化伴生达半个世纪的棚户区正在消失。城市向我们展示生活将更加美好。

新中国城乡建设快速发展的过程是艰辛的，进步是显著的，成果是喜人的。60年来城乡建设事业所取得的辉煌成就必将为后人所铭记，为历史所铭记！

目　录

上册

下册

前言

城镇化进程和城市发展

城镇化是通向发达工业国的必由之路，加快城镇化发展，是调整和优化经济结构、转变经济增长方式和解决“三农问题”的重要途经。

近现代全球城镇化进程开始以来，旧中国城镇化进程缓慢，成为落后的农业国。至1949年，中国共有132个城市，城镇化水平仅10.6%，远低于当时29%的世界平均水平。

新中国成立后，1949至1958年城镇化和城市建设稳步发展，中央正确制定了恢复国民经济、扭转财政收入的方针。从1953年开始实施了第一个五年计划，围绕156个重点建设项目，采取了“重点建设，稳步前进”的城市发展方针，城镇化呈现出“城乡通开，流而不滞”的良性循环体制，促进了我国经济社会的健康发展，大大推进了我国城镇化进程。到1957年底，城镇人口达到9949万，年均增长率为7.06%，城镇化水平上升到15.4%，设市城市由1949年的132个增加到176个。

1958年至1978年，城镇化经历了曲折发展。1958年开始 “大跃进”，1960年国民经济进入了困难时期，城镇化水平降至14%；1966年至1978年，在生产建设和城市建设的关系上，注重生产性建设，调整城市工业布局，发展建设十堰、攀枝花等工业城市。这一期间，城镇建制工作基本停顿，新增城市很少，到1978年，城镇化水平为17.9%。

改革开放以来，国家工作的重点转移到现代化建设的轨道上，改革开放和充分发挥中心城市作用等方针的执行极大推进了城镇化发展的进程，大量的农村人口向城镇转移。城镇化水平由1978年的17.9%提高到2008年的45.7%。

在城镇化快速发展的带动下，以特大城市为依托，辐射作用大的城市群已经是我国重要的经济增长极，成为主导我国经济发展、参与国际竞争的重要地区，彰显和提高了国家的综合竞争力。

在资源、环境、人口等制约条件下，我国坚持全面协调可持续发展，走中国特色的城镇化道路，为人类社会文明的进步作出了重大贡献。

1949年至今我国历年城镇化数据

年份	城市化水平
2008	45.68
2007	44.94
2006	43.90
2005	42.99
2004	41.76
2003	40.53
2002	39.1
2001	37.7
2000	36.09
1999	30.89
1998	30.04
1997	29.92
1996	29.37
1995	29.04
1994	28.62
1993	28.12
1992	27.63
1991	26.37
1990	26.41
1989	26.21
1988	25.81
1987	25.32
1986	24.52
1985	23.71
1984	23.01
1983	21.62
1982	21.13
1981	20.16
1980	19.38
1979	18.96
1978	17.92
1977	17.55
1976	17.44
1975	17.34
1974	17.16
1973	17.20
1972	17.13
1971	17.26
1970	17.38
1969	17.50
1968	17.62
1967	17.74
1966	17.86
1965	17.98
1964	18.37
1963	16.84
1962	17.33
1961	19.29
1960	19.75
1959	18.41
1958	16.25
1957	15.39
1956	14.62
1955	13.48
1954	13.69
1953	13.31
1952	12.46
1951	11.78
1950	11.18
1949	10.64

注：

1．本表各年人口数不包括香港、澳门特别行政区和台湾省的人口数据。

2．1982年以前数据为户籍统计数，1982–1989年数据根据1990年人口普查数据有所调整，1990–2000年数据根据2000年人口普查数据进行了调整，2001–2004，2006、2007年数据为人口变动情况抽样推算数，2005年数据根据全国1%人口抽样调查数据推算，2008年数据来源于当年统计公报。

◎ 北京市商务中心区

E
F
E
G

◎ 北京市国家体育场（鸟巢）俯拍全景

◎ 天津市城市概貌

◎ 2008年上海市浦东概貌

◎ 安徽省马鞍山市城市道路

◎ 江苏省南京市新貌

◎ 浙江省嘉兴市城市广场新貌

◎ 浙江省上虞市城北新区面貌

◎ 浙江省杭州市钱江新城概貌

◎ 福建省南平市三江汇流处新貌

◎ 福建省漳州市新华西路

◎ 福建省漳州市城区一瞥

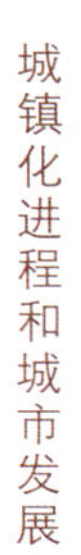

8311 6666
环球
发售

© 广东省深圳市中心区

◎ 广西壮族自治区梧州市全景

◎ 广西壮族自治区北海市全景

◎ 广西壮族自治区南宁市琅东新貌

◎ 现在的辽宁省大连市中山广场

◎ 内蒙古自治区包头市钢铁大街

◎ 河北省石家庄市概貌

◎ 2003年山东省威海市威海湾面貌

◎ 河南省郑州市今貌

◎ 湖南省岳阳市南湖广场

◎ 湖南省株洲市全貌

◎ 湖南省常德市新貌

◎ 山西省长治市紫金广场

◎ 2008年陕西省延安市城区

◎ 甘肃省兰州市天水路大桥

◎ 新疆维吾尔自治区乌鲁木齐市城市风貌

◎ 四川省成都市鸟瞰

◎ 四川省成都市一瞥

◎ 黑龙江省伊春市水上公园

城镇群发展

在城镇化快速发展的带动下，以特大城市为依托、辐射作用大的城镇群已经是我国重要的经济增长极，成为主导我国经济发展，参与国际竞争的重要地区，形成了京津冀、长三角、珠三角三大都市圈，及辽中和辽宁沿海、中原、武汉、长株潭、成渝、闽东南、山东半岛、关中－天水、北部湾等主要城镇群，彰显和提高了国家综合竞争力。

我国12个主要城镇群的基本情况一览表(2007)

名称	地域范围
长三角	上海市、江苏省中南部的城市（南京、扬州、泰州、南通、镇江、常州、无锡、苏州）、浙江北部城市（杭州、嘉兴、湖州、宁波、绍兴、舟山、台州）等城市
珠三角	广州、深圳、珠海、佛山、江门、东莞、中山、高要、四会、惠州市区、肇庆市区、惠东县、博罗县等市县
京津冀	北京、天津以及河北省石家庄、唐山等城市
辽中和辽宁沿海	辽宁省的沈阳、大连、鞍山、抚顺、本溪、丹东、锦州、葫芦岛、营口、盘锦、阜新、辽阳、铁岭等城市
山东半岛	山东省的济南、青岛、淄博、东营、烟台、潍坊、威海、日照等城市
海峡西岸（福建沿海）	福建省的福州、厦门、莆田、泉州、漳州、宁德等城市
成渝	包括四川省的成都、德阳、眉山、内江、资阳、自贡、宜宾、泸州、遂宁、南充、广安、达州全部，绵阳市涪城区、游仙区、江油市、安县、梓橦县、三台县、盐亭县，雅安市雨城区、名山县，乐山市市中区、沙湾区、五通桥区、金口河区、夹江县、井研县、犍为县等市县 重庆市的主城、万盛区、双桥区、涪陵区、长寿区、江津区、永川区、合川区、南川区、綦江县、潼南县、铜梁县、大足县、荣昌县、璧山县、万州区、梁平县、垫江县、开县等区县
武汉	湖北省的武汉、黄石、鄂州、孝感、黄冈、咸宁、仙桃、潜江、天门等城市
长株潭	湖南省的长沙、株洲和湘潭等城市
中原	包括河南省的郑州、洛阳、开封、新乡、焦作、许昌、平顶山、漯河、济源等城市（区）
关中-天水	包括陕西省的西安、宝鸡市、咸阳市、铜川市、渭南市和杨凌区，甘肃省天水市等城市（区）
北部湾	包括广西壮族自治区的南宁、北海、钦州、防城港、玉林、崇左等城市

注：

1．京津冀城镇群范围依据《京津冀城镇群协调发展规划》确定。

2．海峡西岸（福建沿海）城镇群范围依据中国工程院《大城市连绵区规划和建设问题研究》。

英格兰城镇群
欧洲西北部城镇群
日本太平洋海岸带城镇群
北美五大湖城镇群
美国东北海岸带城镇群
ARCTIC OCEAN
PACIFIC OCEAN
INDIAN OCEAN
ATLANTIC OCEAN
AFRICA
AUSTRALIA
SOUTH AMERICA
NORTH AMERICA
ANTARCTICA

◎ 世界五大城镇群分布

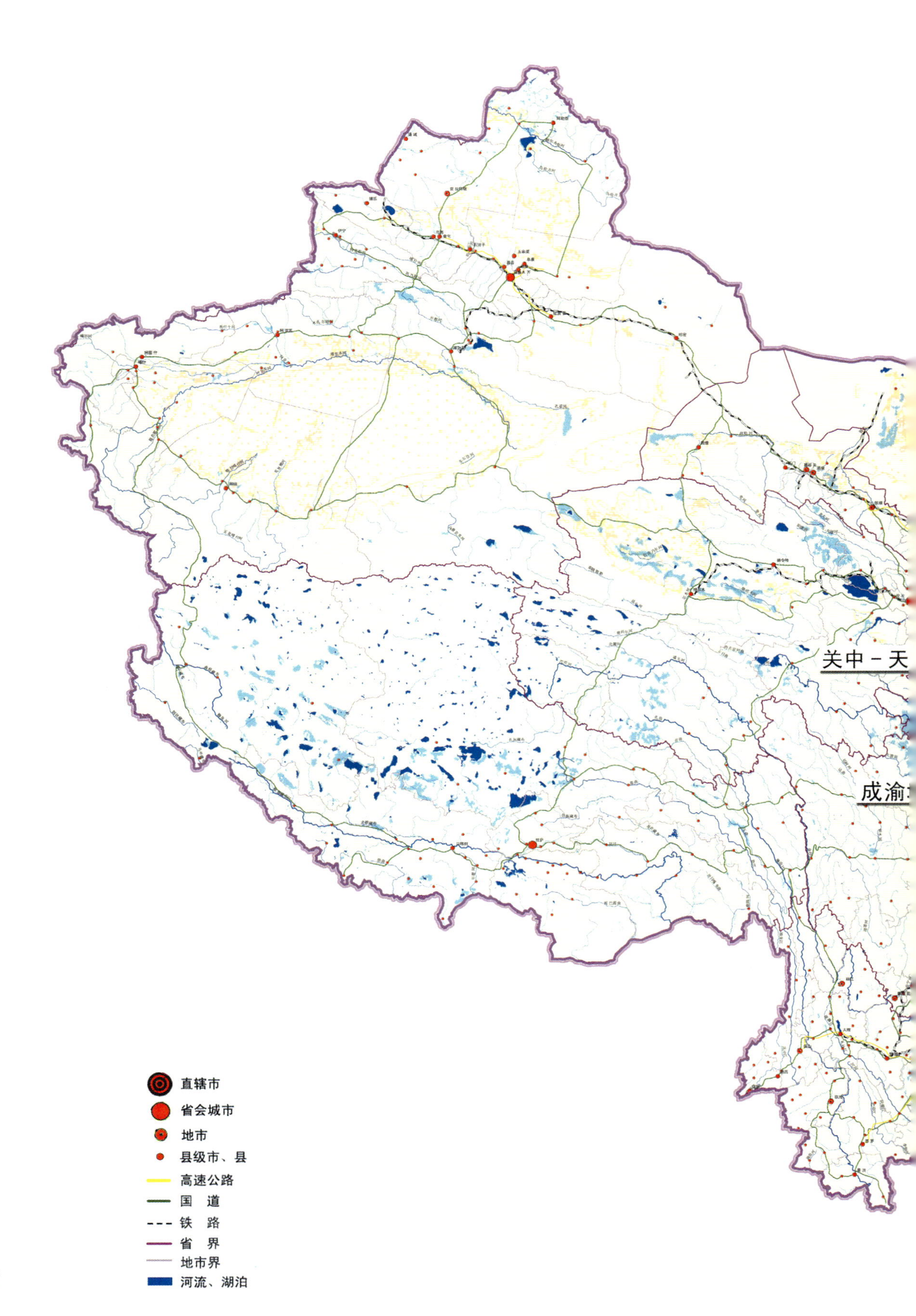

◎ 全国城镇群分布

京津冀城镇群
辽中和辽宁沿海城镇群
山东半岛城镇群
中原城镇群
长江三角洲城镇群
武汉城市圈
长株潭城镇群
海峡西岸城镇群
珠江三角洲城镇群
北部湾城镇群

京津冀城镇群

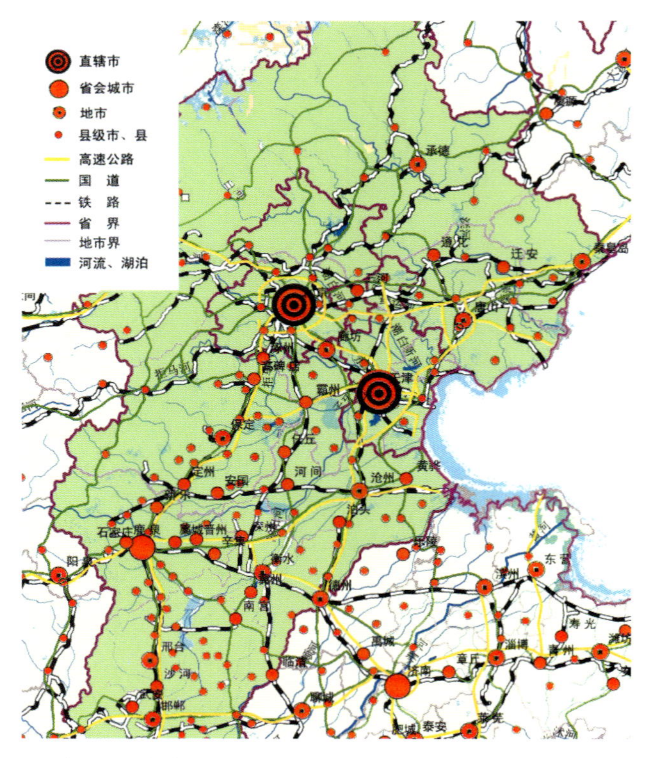

◎ 京津冀城镇群

◎ 北京市CBD一角

◎ 京津城际铁路

◎ 河北省唐山市

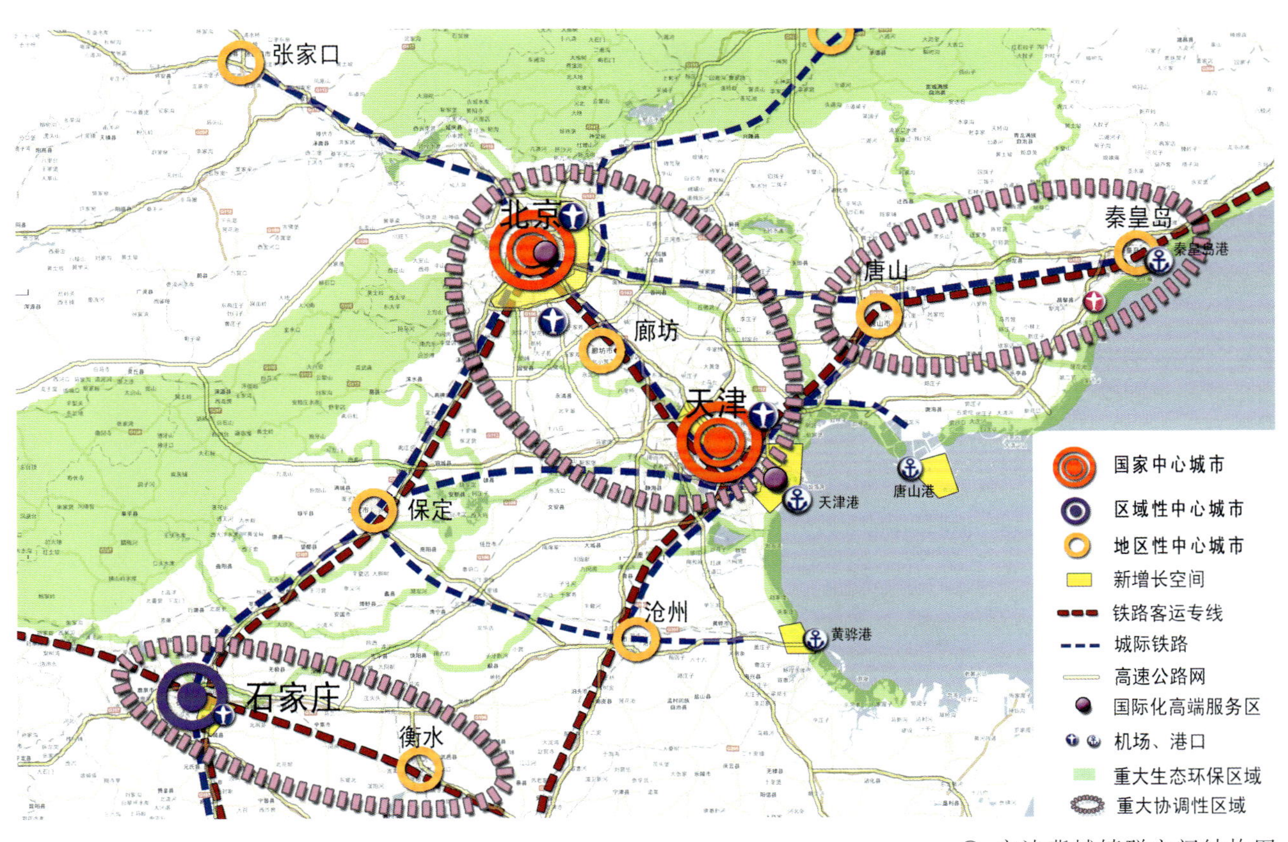

◎ 京津冀城镇群空间结构图

长三角城镇群

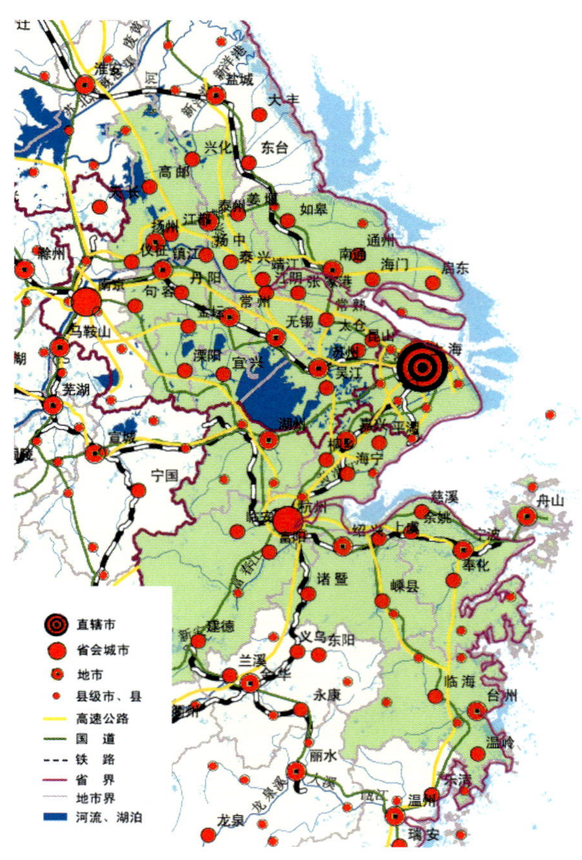

◎ 长三角城镇群

◎ 长三角城镇群空间结构图

◎ 江苏省苏州市

◎ 上海市

◎ 江苏省南京市

◎ 浙江省杭州市

◎ 浙江省嘉兴市

珠三角城镇群

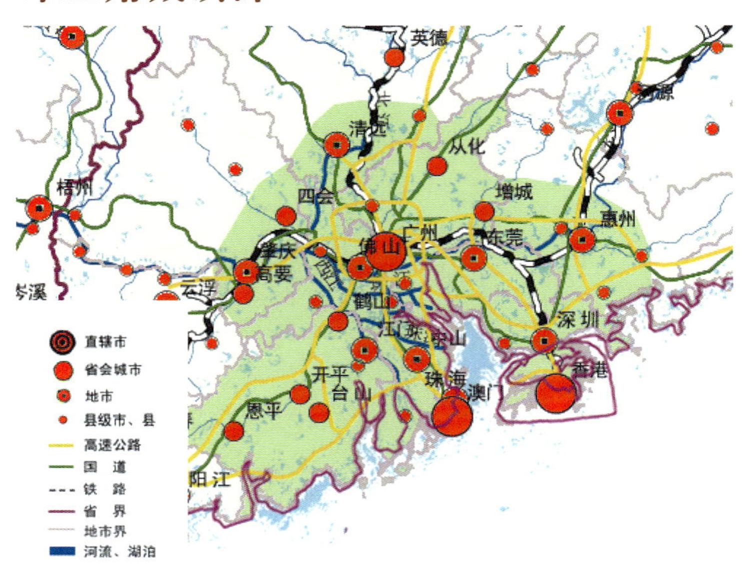

◎ 珠三角城镇群

◎ 珠三角城镇群空间结构图

◎ 广东省珠海市

◎ 广东省中山市

◎ 广东省广州市

◎ 广东省深圳市

成渝城镇群

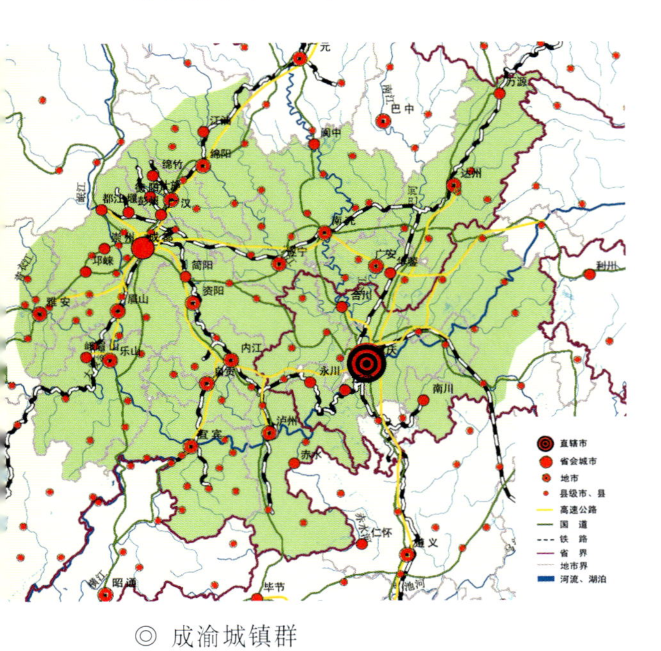

◎ 成渝城镇群

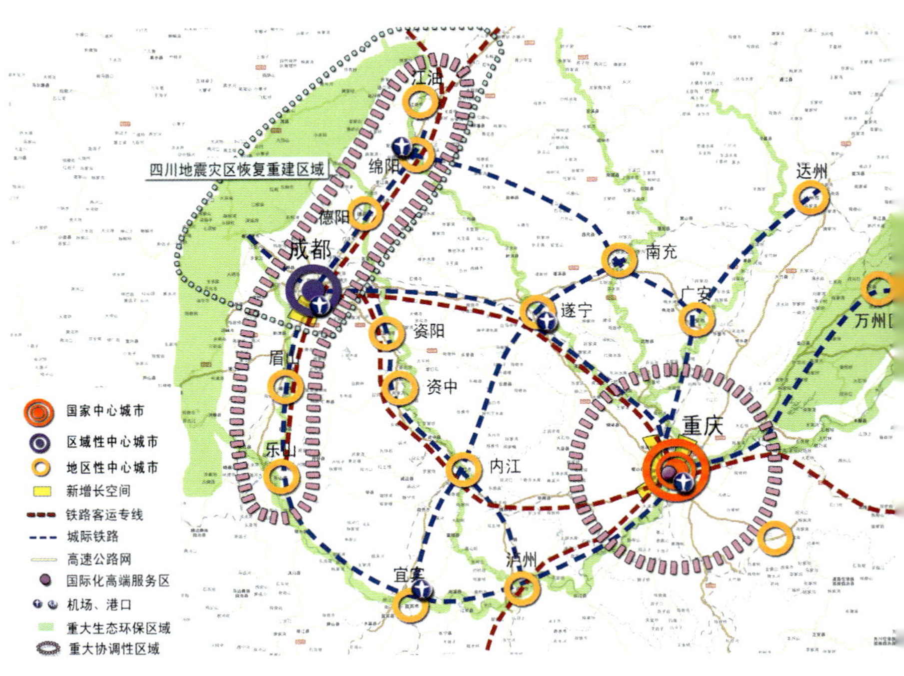

◎ 成渝城镇群空间结构图

◎ 重庆市渝中半岛

◎ 四川省成都市

◎ 四川省雅安市

◎ 四川省德阳市

海峡西岸城镇群

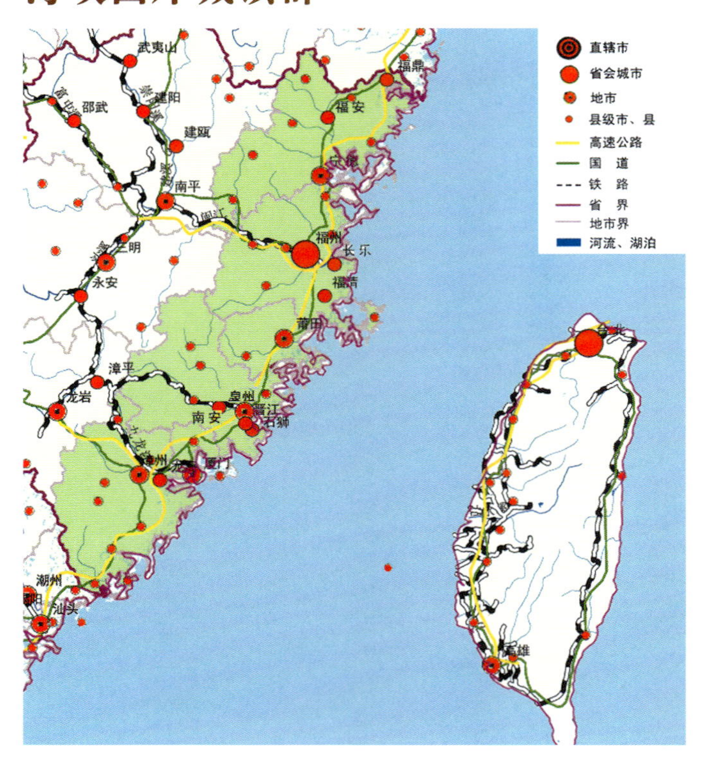

◎ 海峡西岸城镇群

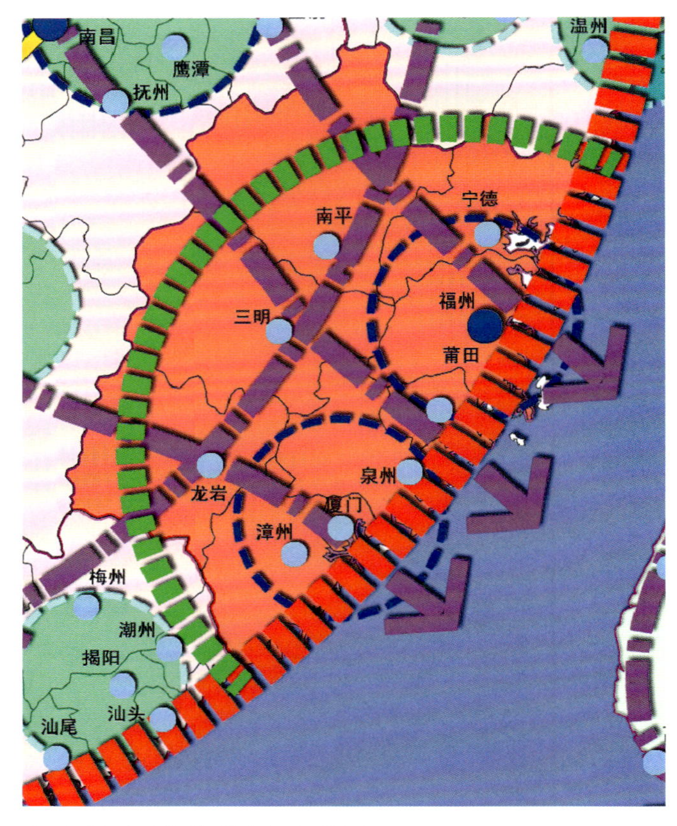

◎ 海峡西岸城镇群空间结构图

◎ 福建省福州市

◎ 福建省泉州市

◎ 福建省厦门市

长株潭城镇群

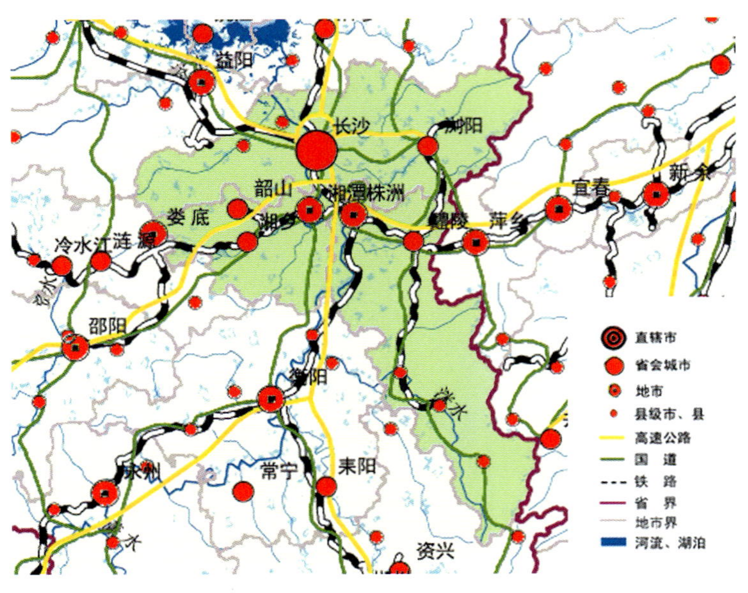

◎ 长株潭城镇群

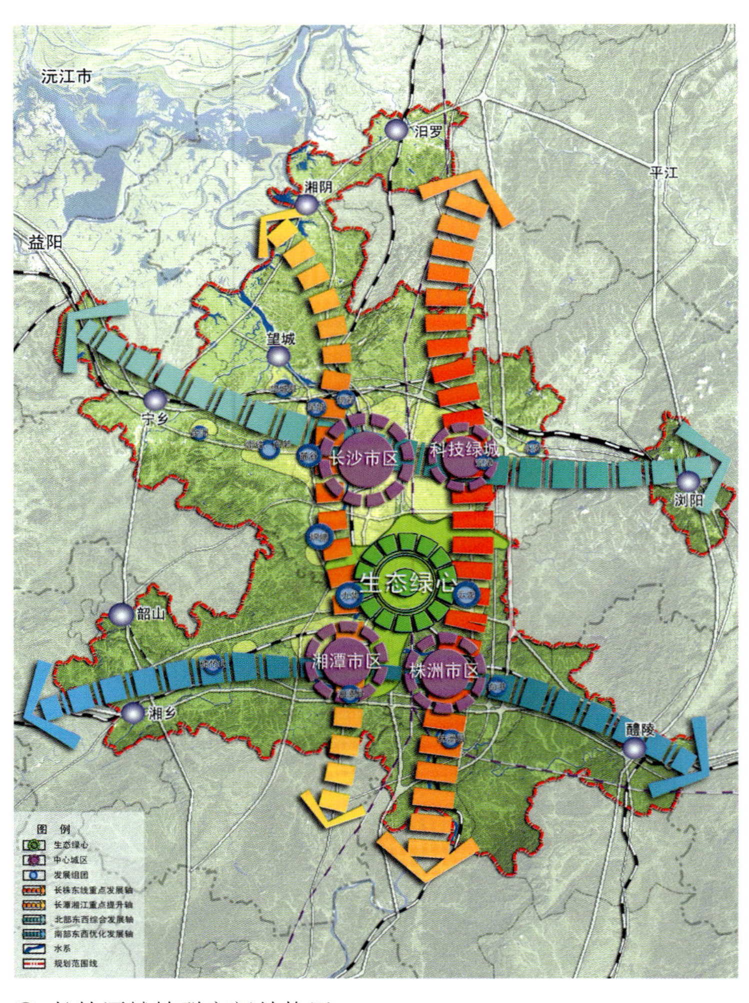

◎ 长株潭城镇群空间结构图

◎ 湖南省长沙市

◎ 湖南省株洲市

武汉城市圈

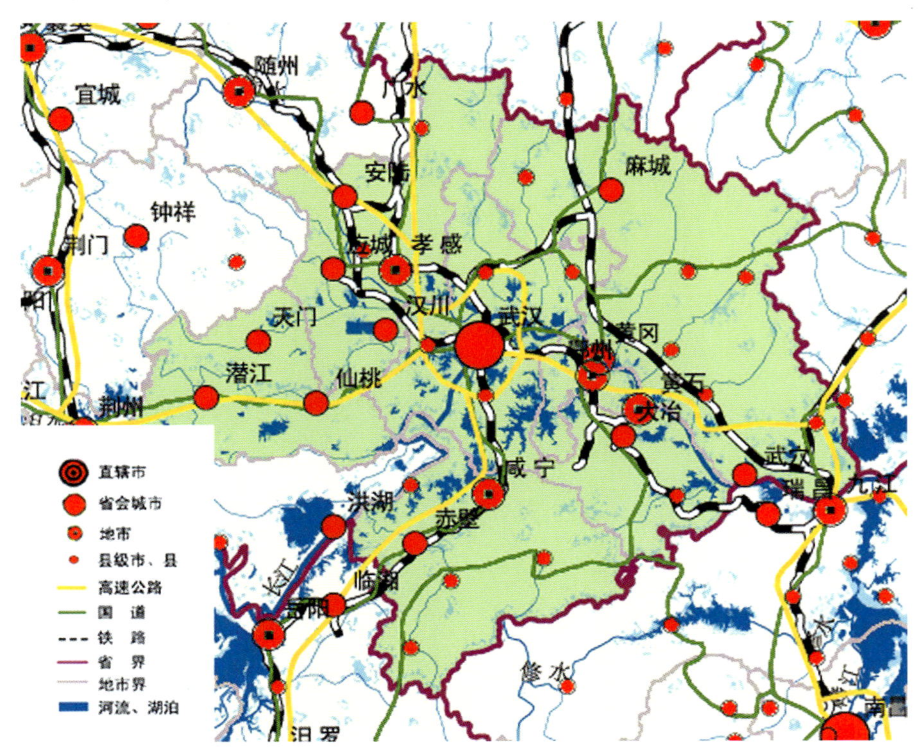

◎ 武汉城市圈

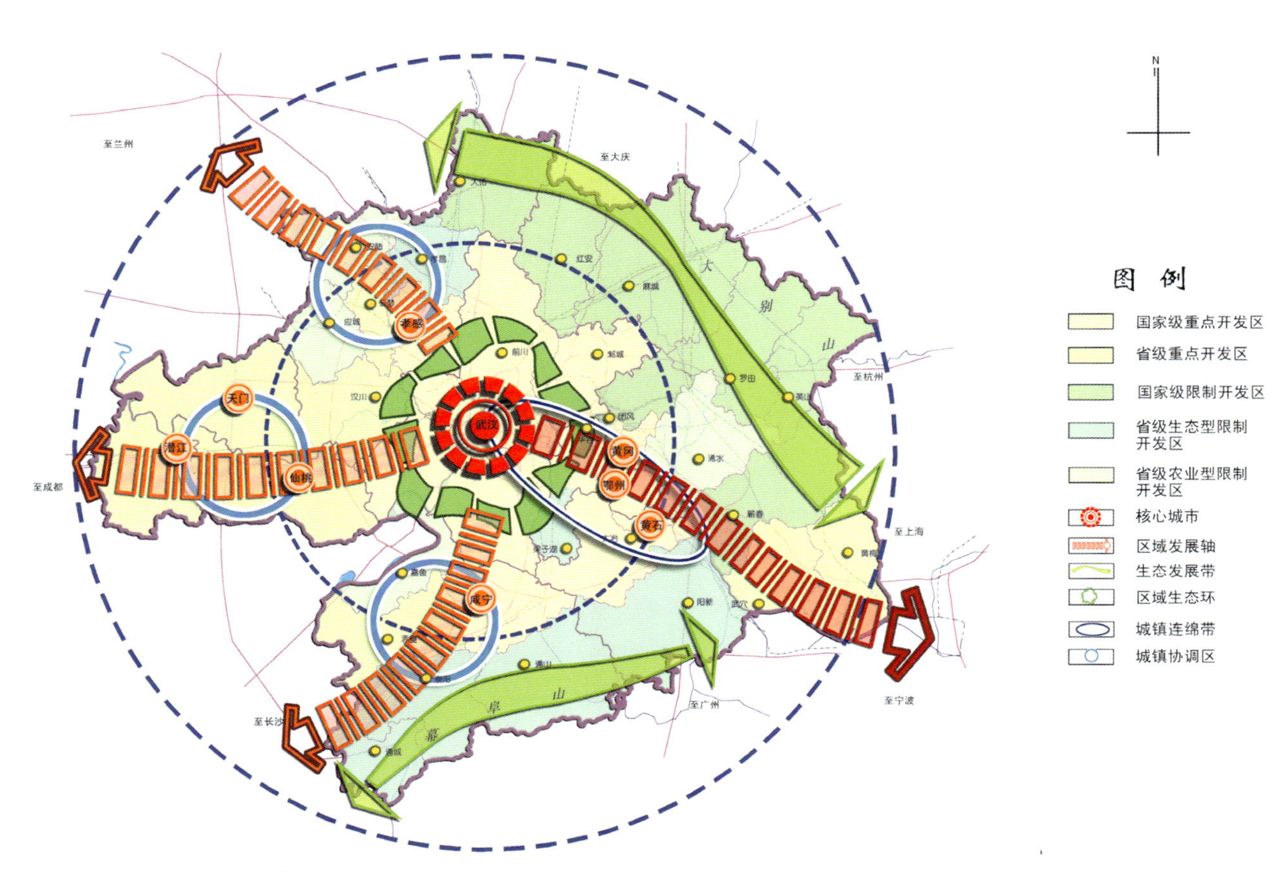

◎ 武汉城市圈空间结构图

◎ 湖北省武汉市

◎ 湖北省黄石市

辽中和辽宁沿海城镇群

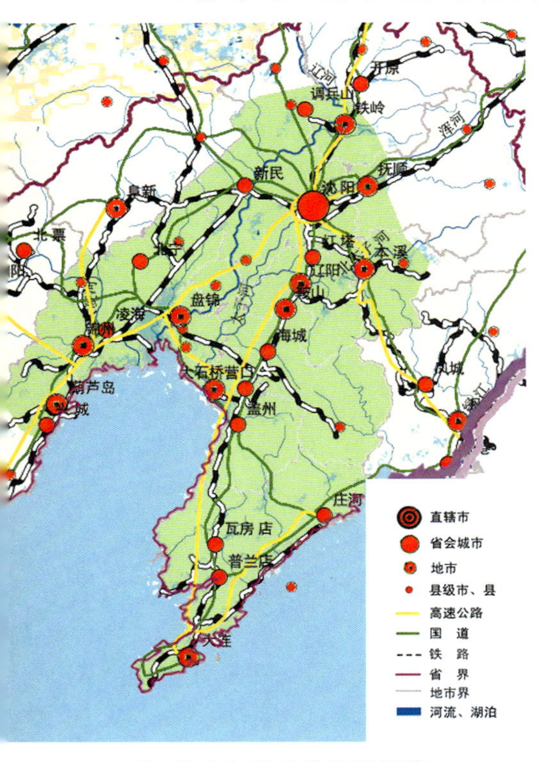

◎ 辽中和辽宁沿海城镇群

◎ 辽宁省锦州市

◎ 辽宁省葫芦岛市

◎ 辽宁省沈阳市

◎ 辽宁省大连市

山东半岛城镇群

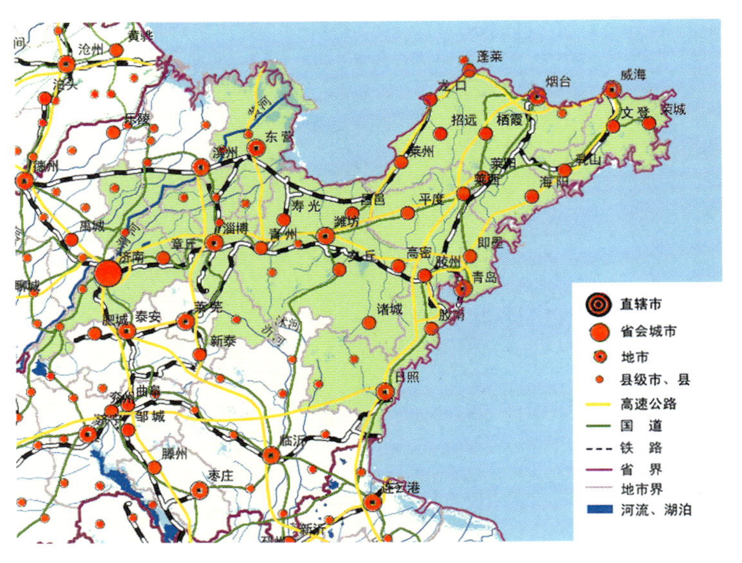

◎ 山东半岛城镇群

◎ 山东省日照市人民广场全景

◎ 山东省青岛市

◎ 山东省济南市

◎ 山东省威海市

中原城镇群

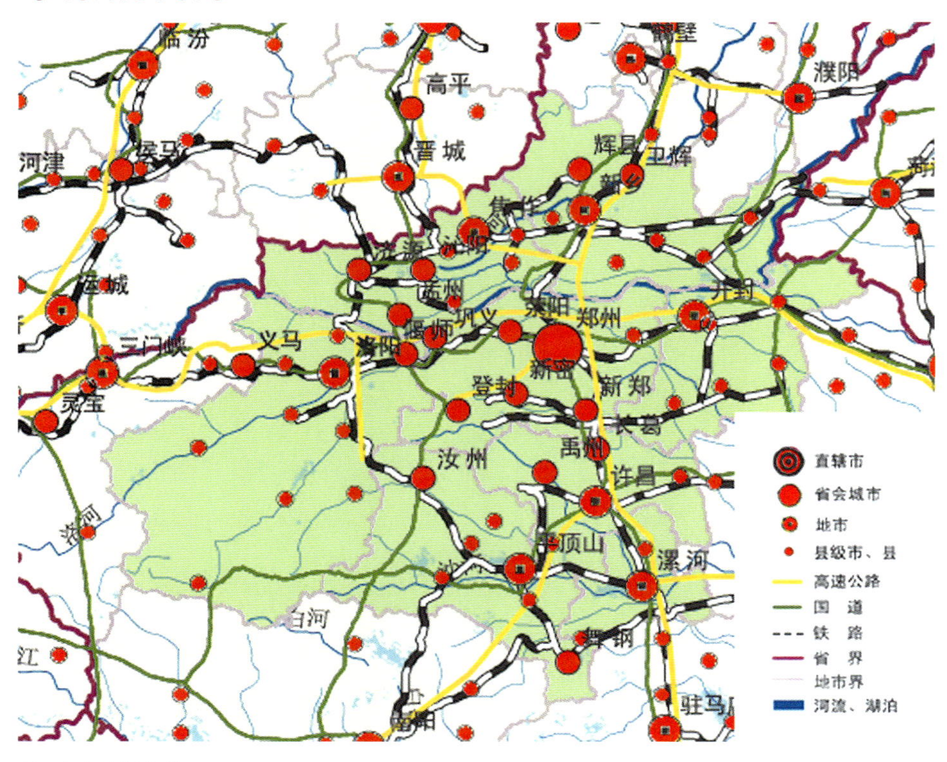

高平
濮阳
晋城
河津
辉县
卫辉
焦作
济源
沁阳
运城
孟州
荥阳
郑州
开封
三门峡
义马
洛阳
偃师
巩义
新密
登封
新郑
灵宝
长葛
禹州
汝州
许昌
平顶山
漯河
舞钢
白河
直辖市
省会城市
地市
县级市、县
高速公路
国 道
铁 路
省 界
地市界
河流、湖泊

◎ 中原城镇群

◎ 河南省郑州市

◎ 河南省开封市

关中——天水城镇群

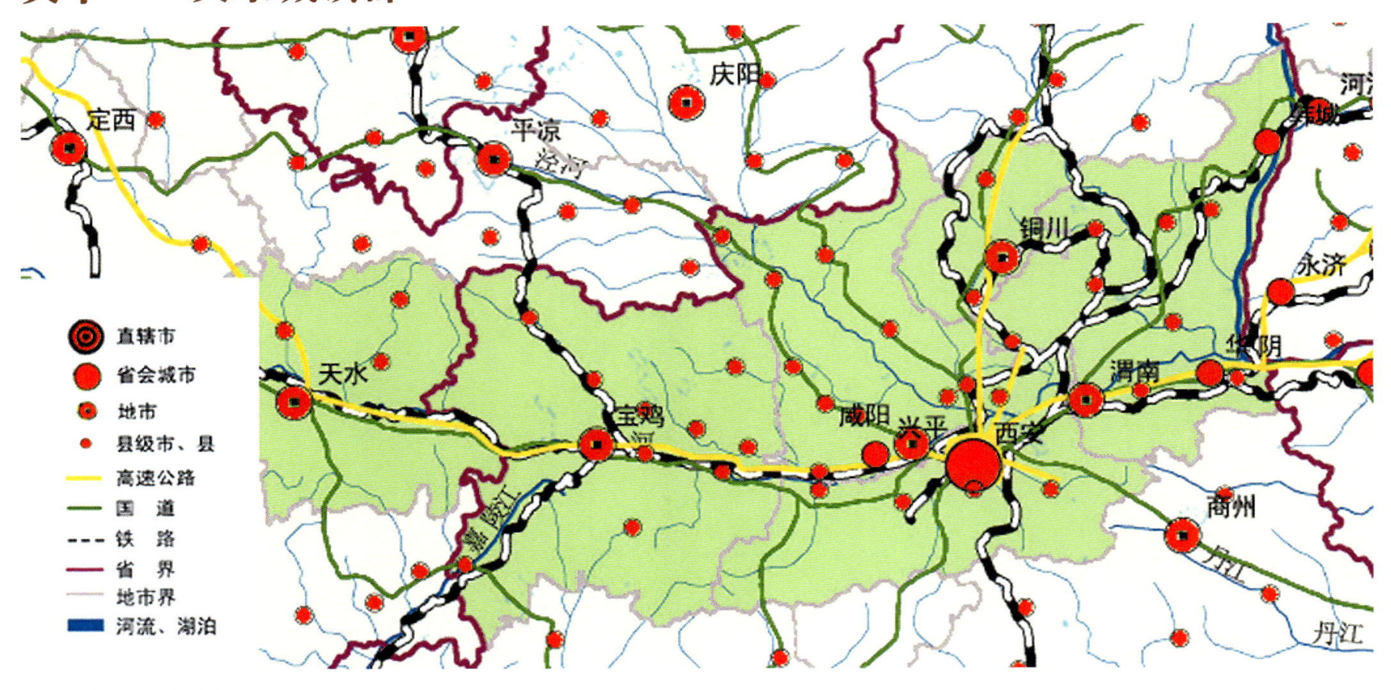

◎ 关中—天水城镇群

◎ 陕西省西安市

◎ 陕西省宝鸡市

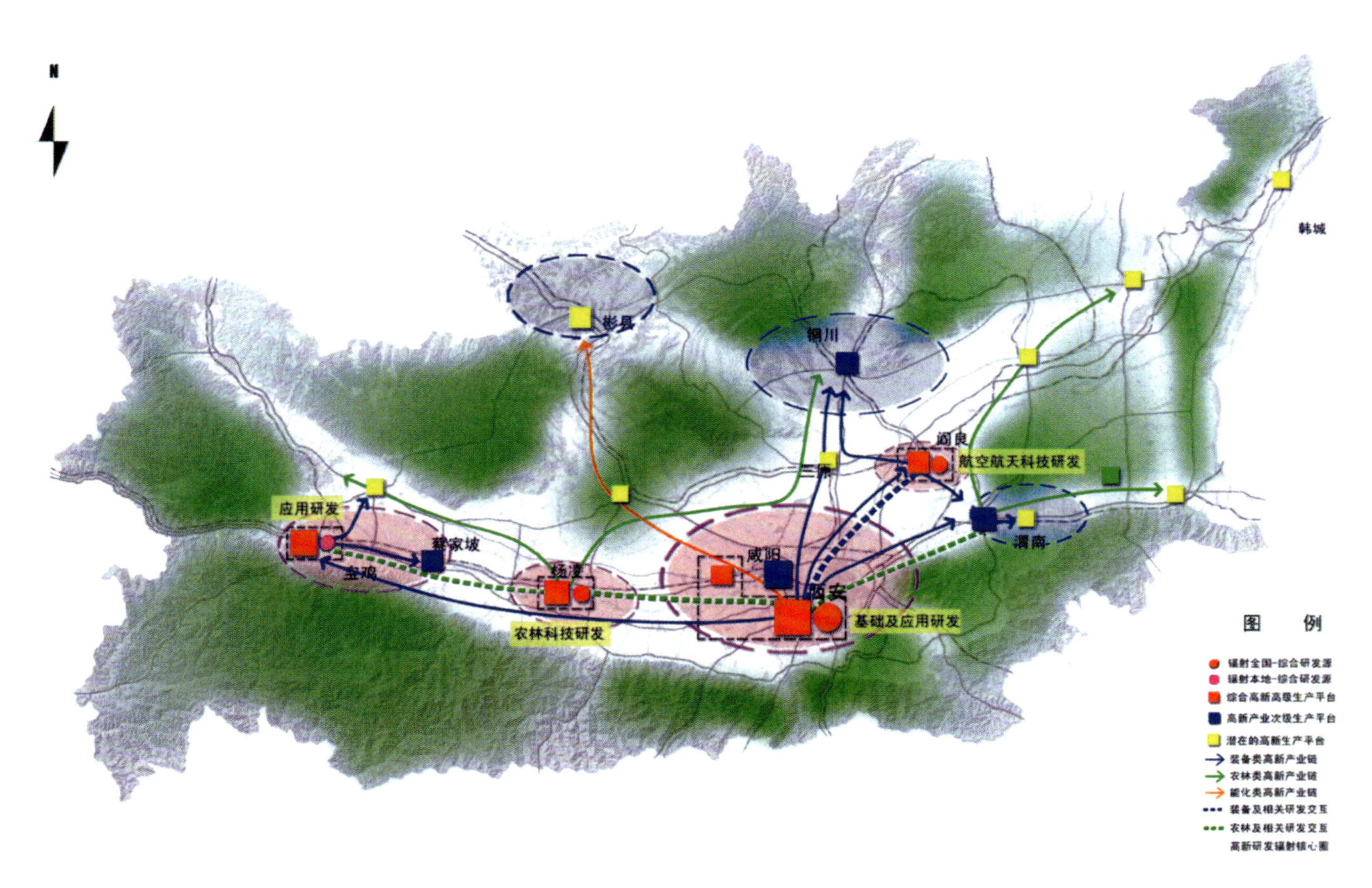

◎ 关中—天水城镇群空间结构图

北部湾城镇群

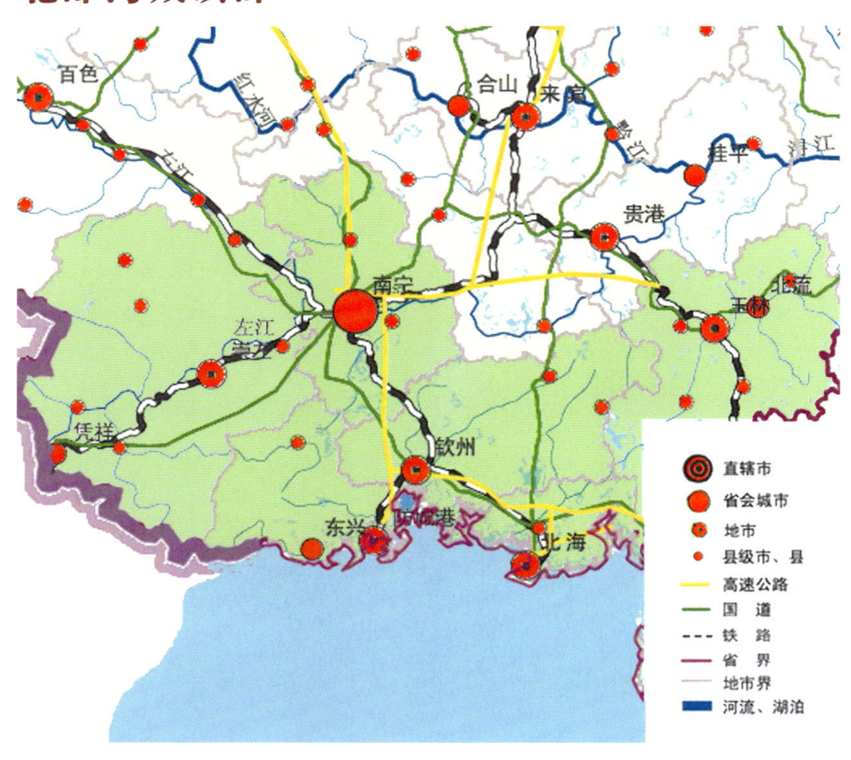

◎ 北部湾城镇群

◎ 广西壮族自治区钦州市

◎ 广西壮族自治区北海市

◎ 广西壮族自治区玉林市

◎ 广西壮族自治区南宁市

小城镇发展

党中央、国务院历来十分重视小城镇的发展和建设，特别是“十五大”以来，作出了一系列促进小城镇健康发展的战略部署，十五届三中全会指出“发展小城镇，是带动农村经济和社会发展的一个大战略”。十六届五中全会通过的《中共中央关于制定国民经济和社会发展第十一个五年规划的建议》，明确提出要坚持大中小城市和小城镇协调发展，提高城镇综合承载力，按照循序渐进、节约土地、集约发展、合理布局的原则，积极稳妥地推进城镇化。

近年来，小城镇建设发展工作取得了一定进展，小城镇在城镇化发展中的作用进一步提升。据统计，小城镇数量从1954年的5400个发展到2008年的19234个，成为繁荣农村经济、转移农村劳动力和提供公共服务的重要载体。1978年小城镇人口占全国城镇总人口的比重仅为20%，小城镇成为各地推进城镇化的重要增长点，对城镇化的贡献越来越大。2008年小城镇人口占全国城镇人口的比重达到30%以上，为中国特色城镇化的快速发展作出了重要贡献。

小城镇发展统计数据表

年份	镇（个）
2008	19234
2007	19249
2006	19369
2005	19522
2004	19892
2003	20226
2002	20600
2001	20358
2000	20312
1999	19756
1998	19216
1997	18925
1996	18171
1995	17532
1994	16702
1993	15805
1992	14539

年份	镇（个）
1991	12455
1990	12084
1989	11873
1988	11481
1987	11103
1986	10718
1985	9140
1984	7186
1983	2968
1981	2678
1978	2176
1961	4429
1958	3621
1956	3672
1955	4487
1954	5400

注：

统计数据由民政部区划司提供。

◎ 湖南省长沙县星沙镇新貌

◎ 四川省新津县面貌

◎ 四川省文山壮族苗族自治州砚山县平远镇

◎ 四川省大邑县安仁古镇农民新居

◎ 重庆市合川区三汇镇

历史文化名城名镇名村保护和发展

对于历史文化名城、名镇、名村应当整体保护，不仅保护文物古迹和历史地段，还要保护和延续传统格局、历史风貌和空间尺度，继承和发扬优秀历史文化传统，保护城市非物质文化遗产，不得改变与其相互依存的自然景观和环境。

迄今为止，我国已确立国家历史文化名城110座，国家历史文化名镇143个，国家历史文化名村108个。

◎ 北京市故宫

◎ 北京市天坛祈年殿

◎ 河北省正定县古城

◎ 河北省秦皇岛市山海关

◎ 安徽省肥西县三河镇

◎ 福建省武夷山市武夷乡下梅村

◎ 贵州省贵阳市开阳县马头村

◎ 贵州省凯里市西江苗寨

◎ 河南省浚县八卦楼

大梁門

◎ 河南省商丘市归德府南城门楼

◎ 湖北省武汉市大余湾镇

◎ 湖南省凤凰县沙湾一角

◎ 湖南省龙山县里耶镇古街

◎ 江西省赣县白鹭乡白鹭村

◎ 江苏省名镇甪直

◎ 辽宁省沈阳市张氏帅府建筑群

◎ 山东省泰安市历史文化轴

◎ 山东省曲阜市古城

◎ 山东省即墨市雄崖所村于氏祠堂

◎ 山东省章丘县进士故居

◎ 山东省济南市五龙潭

◎ 青海省同仁县年都乎乡郭麻日村

◎ 陕西省西安市鼓楼

◎ 云南省大理市苍洱大观

◎ 山西省晋城市阳城县北留镇皇城村

◎ 山西省阳泉市义井镇小河村

◎ 山西省晋城市沁水县土沃乡西文兴村

国家级风景名胜区保护和发展

我国风景名胜区保护工作始于20世纪70年代末。按照有关规定，我国把具有观赏、文化或科学价值，自然景物、人文景物比较集中，环境优美，具有一定规模和范围，可供人们游览、休息或进行科学、文化活动的地区，划为风景名胜区。自1982年以来，国务院共审定公布了六批国家级风景名胜区，目前全国有国家级风景名胜区187个，省级风景名胜区约480处，风景名胜区总面积近11万平方公里，约占国土面积的1.13%，基本形成了国家级、省级风景名胜区的管理体系。泰山、黄山、武陵源、九寨沟、黄龙、峨眉山、武夷山、庐山、青城山—都江堰、云南三江并流、三清山等21处风景名胜区被联合国教科文组织列为世界自然遗产或世界自然与文化双遗产。

◎ 北京市长城

◎ 北京市圆明园

◎ 贵州省贵阳市荔波鸳鸯湖

◎ 贵州省黄果树瀑布

◎ 贵州省黎平县侗乡八舟河

◎ 福建省平潭县海坛岛半洋石帆

◎ 福建省武夷山

◎ 甘肃省崆峒山主峰

◎ 河北省承德市避暑山庄外八庙风景名胜区金山岭长城

◎ 河北省秦皇岛市角山长城

◎ 河南省嵩山玉女峰

◎ 河南省泉瀑峡云台天瀑

◎ 河南省洛阳市奉先寺

◎ 河南省神农山白松岭

◎ 湖北省武当山天柱雾雪

◎ 青海省青海湖

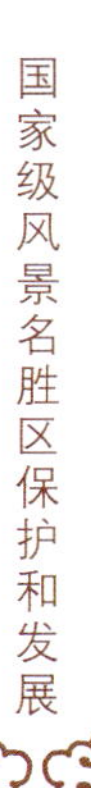

◎ 云南省玉龙雪山

◎ 江苏省苏州市留园

◎ 江西省井冈山

◎ 辽宁省大连市金石滩

◎ 辽宁省千山

◎ 四川省螺髻山五彩湖

◎ 四川省成都市兴文石海涌浪

◎ 浙江省杭州市西湖御酒坊

◎ 浙江省杭州市西湖

数字化城市管理

现代科学技术的发展运用，在造就城市的同时，也孕育着城市发展中的风险。城市人口高度集聚，是区域的政治、经济、文化、信息中心，也是社会财富的集中地，但城市安全运行也会出现问题，且传播速度快，影响面广，造成的损失大。我国部分城市发生的大雪引发的城市交通拥堵，暴雨引发的城市大面积积水、房屋被淹，工厂有毒物质泄漏污染城市水源等，都向城市管理者昭示，一次意想不到的人为事故、自然灾害或者城市管理者的疏忽，就可能给城市造成重大损失，对城市正常运转造成重大影响。近些年来，我国城市持续快速发展，城市政府不断加大城市基础设施建设投入，不断加强和丰富管理手段，保证了城市的正常运转和安全运行。

◎ 北京市轨道交通指挥中心

◎ 江苏省苏州市12319服务热线

◎ 江西省南昌市红谷滩新区视屏监控系统平台

◎ 江苏省常州市城市管理监督指挥中心

◎ 陕西省宝鸡市数字化城管监督中心

城镇人居环境改善

各地加快城市市政公用基础设施建设投资体制改革，积极开辟资金渠道，加大资金投入，相继建设了一大批城市供水、排水、燃气、供热、道路、桥梁、城市轨道交通和生活垃圾处理、园林绿化等项目。特别是近年来，在中央实施西部大开发、振兴东北地区老工业基地、促进中部地区崛起、鼓励东部地区率先发展的区域协调发展战略的指引下，市政公用基础设施建设区域结构出现了积极变化，东中西部地区城市市政公用基础设施建设协调发展。2003年国家提出振兴东北地区老工业基地政策之后的4年间，东北三省城市市政公用基础设施投资总额平均增长速度为11.3%，占同期全国城市市政公用设施建设投资比重的7.9%。西部地区城市市政公用基础设施建设投资比重从1978年的14%增至2007年的18.2%。

住房问题是事关国计民生的重大战略问题。新中国成立60年来，特别是改革开放30年来，我国的住房制度与住房建设取得了举世瞩目的成就。住房制度随着时代的变化和人民群众的需要逐步完善，全国人民的住房条件明显改善。

在城镇人口不断增加的同时，人均住房建筑面积逐年提高。改革开放初，城镇人均住宅建筑面积6.73平方米，2007年城镇人均住宅建筑面积达到28平方米以上，城镇居民住房的功能不断完善、质量不断提高、基础设施和生活服务设施进一步配套，城镇居民家庭住房条件有了较大改善。

◎ 北京市的保障性安居工程

◎ 福建省漳州市改造后的桃林新区

◎ 河北省邯郸市住宅小区

◎ 广西壮族自治区梧州市沿江住宅

◎ 甘肃省武威市住宅小区

◎ 河南省郑州市啟福华都住宅小区

◎ 湖北省武汉市住宅小区

◎ 江西省鹰潭市住宅小区

◎ 吉林省白山市住宅小区

◎ 江苏省南京市住宅小区

◎ 内蒙古自治区包头市锦林花园住宅小区

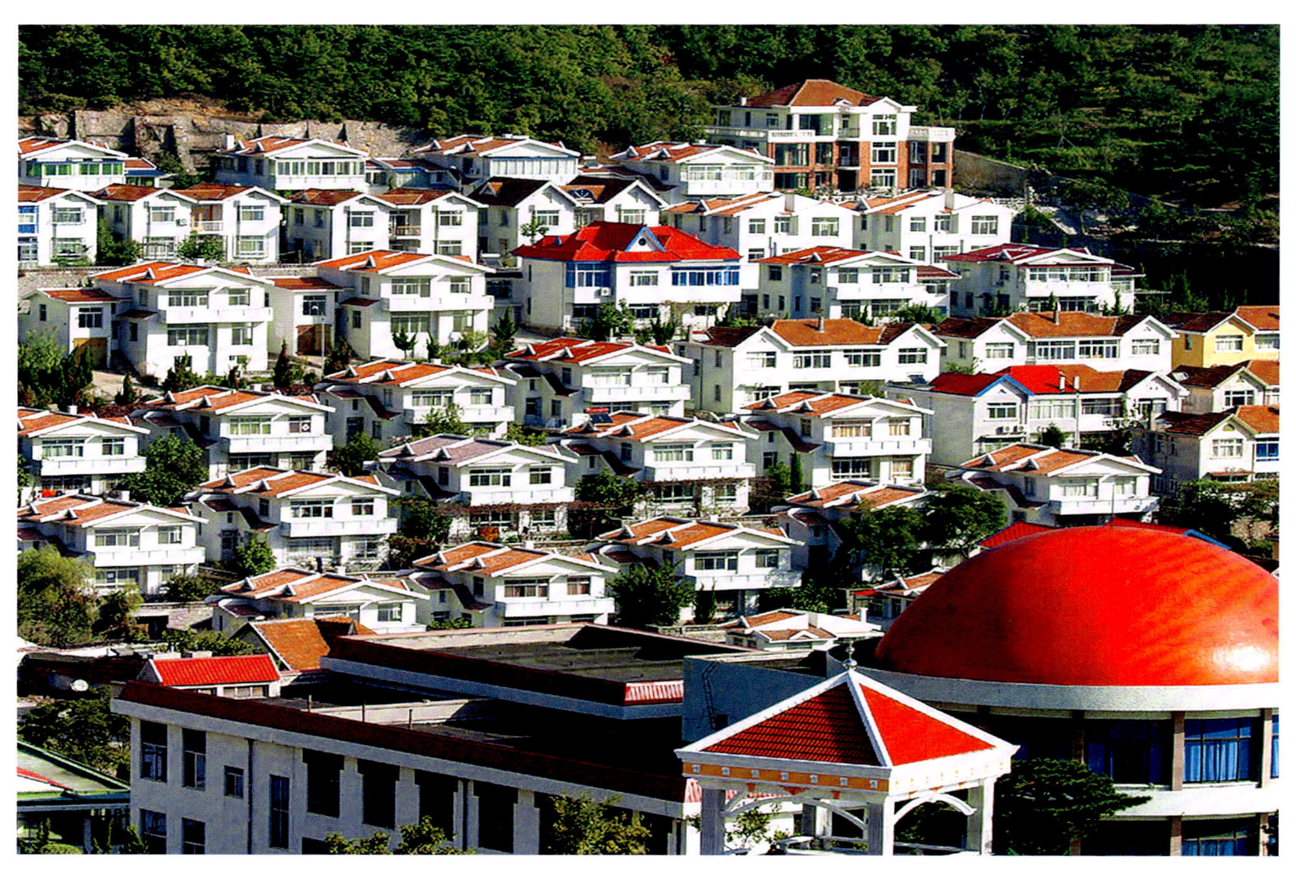

◎ 山东省威海市海边住宅

◎ 山西省临汾市住宅小区

◎ 陕西省延安市南区大道住宅小区

◎ 四川省广元市住宅小区

◎ 上海市住宅小区

◎ 天津市住宅小区

◎ 贵州省贵阳市城市住宅

◎ 海南省三亚市城市住宅

◎ 新疆石河子市现代住宅小区

◎ 浙江省杭州市江畔的住宅小区

◎ 青海省西宁市住宅小区

◎ 广东省深圳市住宅小区

◎ 重庆市住宅小区

城市市政公用基础设施建设

市政公用基础设施是城市赖以生存和发展的基本条件，是为城市经济发展、居民生活和各种社会活动提供服务的基础设施。建国60年以来，随着我国城镇化的发展，市政公用基础设施建设取得了巨大成就，无论是在设施建设总量上，或是设施功能和服务质量上都有了很大提高，为保障城市社会、经济的发展和居民生活环境、生活质量的提高发挥了重要作用。

全国各城市的市政公用基础设施总量，人均设施水平和设施服务功能都有了显著提高。1978～2007年的30年间，全国累计新增城市日供水生产能力1.4亿立方米；新增城市道路10万公里；新增污水日处理能力7900万立方米；新增生活垃圾无害化日处理能力27万吨。截止2008年底，城市供水普及率94.73%，城市燃气普及率89.55%，城市污水处理率70.16%，城市生活垃圾无害化处理率66.76%，城市建成区绿化覆盖率37.37%，城市人均公园绿地9.71平方米。城市人均道路面积12.21平方米，城市轨道交通运营线路长度855公里。

◎ 北京市二环路

◎ 福建省厦门市环岛路新貌

◎ 广西壮族自治区南宁市竹溪立交桥新貌

◎ 河北省石家庄市和平路高架桥

◎ 四川省德阳市彩虹桥

◎ 四川省成都市二环路人南立交桥

◎ 天津市友谊南路

◎ 新疆维吾尔自治区奎屯市团结南街

◎ 浙江省嘉善市中山路亭桥路口

◎ 甘肃省兰州市水源地大型沉淀池群

◎ 日产水30万吨的河北省石家庄市地表水厂

◎ 吉林省敦化市供水公司

◎ 江苏省常州市魏村水厂鸟瞰

◎ 陕西省西安市水厂

◎ 云南省昆明市七水厂

◎ 浙江省小舜江供水工程

◎ 北京市奥林匹克森林公园

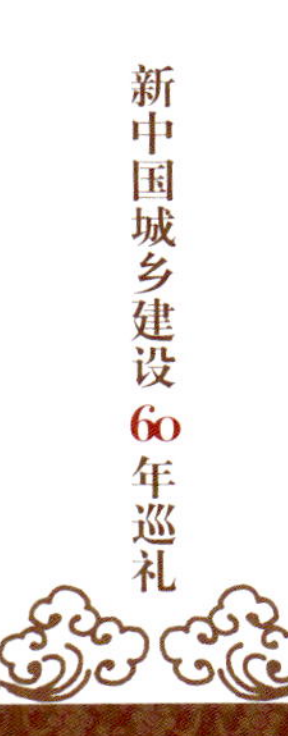

◎ 上海市广场公园

◎ 福建省福州市西湖公园

◎ 河南省郑州市城市绿化

◎ 湖北省武汉市城市绿化

◎ 吉林省四平市英雄广场

◎ 江苏省南京市秦淮河新貌

◎ 江西省宜春市秀江河新貌

◎ 山东省威海市人民广场

◎ 山西省阳泉市生态公园

◎ 四川省广元市凤台岛屿

◎ 辽宁省营口市热电公司西部热电厂

◎ 河北省石家庄市华电供热集团厂区

◎ 内蒙古自治区呼和浩特市阿东热源厂

◎ 北京市四通八达的轨道交通

◎ 上海市轨道交通

◎ 江西省萍乡市环卫道路吸尘车

◎ 辽宁省丹东市现代化融除雪设备

◎ 安徽省合肥市燃气供应设备

◎ 辽宁省丹东市供气公司

◎ 上海市浦东煤气厂液化气球罐

城市节能减排

“十一五”期间，我国政府提出，要全面贯彻落实科学发展观，建设资源节约型、环境友好型社会，到2010年末单位国内生产总值能耗要降低20%。建筑节能作为国家节能减排战略的重要组成部分，节能潜力大、产业关联度高、涉及面广、关系民生，在单位GDP能耗降低20%中所占比例为20%。我国政府始终重视建筑节能，按照国务院确定的建筑节能工作的目标和重点，大力推进建筑节能工作，发展节能省地型建筑。

◎ 辽宁省沈阳市节水宣传

◎ 山东省济南市节水宣传周活动

◎ 北京市垃圾分类

◎ 福建省晋江市垃圾焚烧发电综合处理厂

◎ 山东省烟台市生活垃圾处理场

◎ 湖北省宜昌市污水处理厂

◎ 安徽省合肥市污水处理厂

◎ 北京市自行车租赁点，方便市民绿色出行

◎ 甘肃省兰州市公交周暨无车日活动

◎ 北京市平谷区新农村太阳能民宅

◎ 湖北省武汉市节能建筑

◎ 山东省青岛海湾花园小区采用CL体系建设

保障性住房建设

全国已基本建立起以廉租住房制度、经济适用房制度、住房公积金制度为主要内容的住房保障基本框架，大量中低收入家庭住房条件得到改善。廉租住房制度已解决294万户低收入家庭的住房问题，并对城市低保家庭住房困难户实现了应保尽保。经济适用住房制度累计帮助1700万户中低收入家庭解决了住房问题。住房公积金制度基本建立，提高了居民家庭购房支付能力，11000万职工累计缴存住房公积金18000亿元，累计帮助4900万职工改善了住房条件。

◎ 北京市保障性安居工程建设常营工地

◎ 北京市阳光新干线经济适用房小区环境

◎ 整合维修的天津市旧楼区

◎ 陕西省延安市住房保障住宅小区

◎ 浙江省杭州市经济适用房小区

◎ 重庆市渝北区大竹林危旧房拆迁后建立的社区

◎ 江西省赣州市已竣工入住的渡口路廉租住房小区

棚户区改造

各地政府大力推进棚户区改造和旧住宅区整治，使500多万旧区居民改善了居住条件。辽宁省自2005年以来着手在全省范围内统筹安排煤矿棚户区、大型企业职工简易住宅区、未及时拆除的抗震棚和旧社会遗留的贫民窟的改造工作，截至2009年底，辽宁省已改造棚户区1511.4万平方米，建设了2372.6万平方米回迁楼，改善了41.9万户、142.7万居民的居住条件，促进了和谐社会的建设。

◎ 吉林省白山市棚户区改造回迁现场

◎ 辽宁省抚顺市古城子新区

◎ 辽宁省营口市棚改新区

◎ 辽宁省丹东市棚改新貌

◎ 改造后的山西省太原市西山棚户区新貌

农村危房改造

在社会主义新农村建设的“生产发展、生活宽裕、乡风文明、村容整洁、管理民主”方针的指导下，国家加强农村危房改造力度，各地纷纷挂牌成立村镇规划建设机构，开展农村危房改造工作。农村危房改造立足整治，改造过程中强调因地制宜进行规划，保留原有建筑风格，保护原有生态环境，强调设施配套，改变农村落后的环境面貌和人居环境。迄今为止，整治效果显著，建成了一批村容比较整洁、生态比较优美、功能比较齐全的新型村落社区。

慶光樓

◎ 福建省南靖县书洋镇塔下村

◎ 黑龙江省林甸县三合乡胜利村两层节能楼房

◎ 贵州省贵定县结合村庄整治改造农民危房

◎ 江西省赣州市安远县村庄整治

◎ 陕西省安康市大坪村村庄整治

◎ 江苏省苏州市吴中区东山镇陆巷古村